Inhalt

Einleitung

Hinweise zum Umgang mit dem Material

Nach mehrjährigen Erfahrungen im Unterrichten von Kindern mit Migrationshintergrund und Fluchterfahrungen kam bei mir und auch bei meinen Kollegen immer wieder die Frage auf: Wie beginne ich die Förderung von Kindern, die nicht in der deutschen Sprache alphabetisiert sind bzw. unsere Schriftzeichen nicht beherrschen – aber bereits grafomotorische Erfahrungen in ihrer Muttersprache gemacht haben?

Es existieren viele Schreiblehrgänge an den Grundschulen. Diese sind aber in der Regel ausschließlich für Kinder der 1. Jahrgangsstufe entwickelt worden und auf ein Schuljahr ausgelegt.
Um hier Abhilfe zu schaffen, ist dieser Schreiblehrgang konzipiert worden. Zielgruppe sind in erster Linie die Kinder mit Deutsch als Zweitsprache, die in ihrem Heimatland andere Schriftzeichen erlernt haben und demzufolge bereits erste Schreiberfahrungen vorweisen können.

Der Lehrgang kann sehr flexibel, in der der ersten oder in späteren Klassenstufen eingesetzt werden. Er ist zudem konzeptionell so angelegt, dass die Schüler Möglichkeiten bekommen, sehr schnell aktiv tätig zu werden, da die Erfahrungen im Schulalltag belegen, dass die Seiteneinsteiger möglichst schnell unsere Schrift erlernen müssen, um den Anschluss in der Regelklasse nicht zu verlieren.

Als weiteres wichtiges Kennzeichen dieses Schreiblehrgangs ist die Einbindung der Muttersprache als Wertschätzung der Herkunft und Persönlichkeit des Kindes zu sehen. Die Muttersprache soll dabei als Brücke dienen, um neue Wörter in der deutschen Sprache leichter verstehen und sprechen zu können.

Folgende Kompetenzerwartungen sind durch den Schreiblehrgang abgedeckt:
Die Schülerinnen und Schüler …

- bekommen Hilfestellungen auf den Weg zu einer leserlichen Schrift in der deutschen Sprache
- halten die Schreibrichtung von links nach rechts ein
- erkennen Anlaute und bringen diese in Verbindung mit den Schriftzeichen
- setzen Buchstaben, Silben und Wörter zusammen
- ordnen Bilder zu Wörter und verschriften diese in deutscher Sprache und in ihrer Muttersprache
- erlernen und erweitern den Wortschatz in der deutschen Sprache
- erhalten erste grammatikalische Grundbegriffe (z. B. Unterscheidung in Wortarten)
- gestalten erste kommunikative Standartsituationen (Begrüßung …)

Es wurde für diesen Schreiblehrgang nur die Druckschrift gewählt, da das Erlernen einer zweiten Schrift (in der Regel eine Schreibschrift) die Kinder vor eine große Herausforderung stellt und diese dadurch oftmals überfordert sind. Außerdem entwickelt ein Großteil aller Grundschulkinder im Laufe ihrer Schulzeit ihre eigene Handschrift, bei der die Druckschrift häufig wieder Verwendung findet.

Zu jedem Buchstaben gibt es zwei Arbeitsblätter, bei den Buchstabenverbindungen ist es jeweils ein Arbeitsblatt.

Auf dem **Arbeitsblatt 1** werden folgende Übungsmöglichkeiten angeboten:

- erstes freies Nachspuren der Buchstaben/Anlaute
- das Schreiben in Lineaturen und z. T. auf Schreiblinien
- Lautbilder zu den Buchstaben, um die Buchstaben-Lautverbindung zu visualisieren und thematisieren

Durch wiederkehrende Übungsformate ist ein weitgehend selbstständiges Arbeiten mit den Arbeitsblättern zu erwarten. Als Sicherung bietet sich an, den Schülern die Übungen zusätzlich in ein Heft schreiben zu lassen. Sollten Sie dazu noch eine Lineatur-Blankovorlage benötigen, finden Sie diese auf Seite 71.

Das **Arbeitsblatt 2** bietet weiteres Übungsmaterial, das zur Weiterarbeit anregen soll (bitte sehen Sie dazu auch die entsprechenden Hinweise im Inhaltsverzeichnis). Es handelt sich um Wortschatzarbeit und ein erstes Heranführen an grammatikalische Inhalte mit einem sich steigernden Schwierigkeitsgrad. Dieser Teil ist nicht als systematisches Übungsmaterial mit Lehrgangscharakter zu verstehen, sondern will Ideen für weitere DaZ-Inhalte liefern, deren Bearbeitung durch die Lehrkraft gelenkt werden sollte.

Um den Lernzuwachs der Schüler zu dokumentieren, finden sich im letzten Abschnitt des Schreiblehrgangs kurze Wortschatztests (Seite 66 ff.). Ziel ist dabei, die Kinder mit Migrationshintergrund an schriftliche Leistungsmessungen heranzuführen und ihnen gleichzeitig Rückmeldung über ihren Lernfortschritt zu geben.

Name: ____________________ **Datum:** ____________________

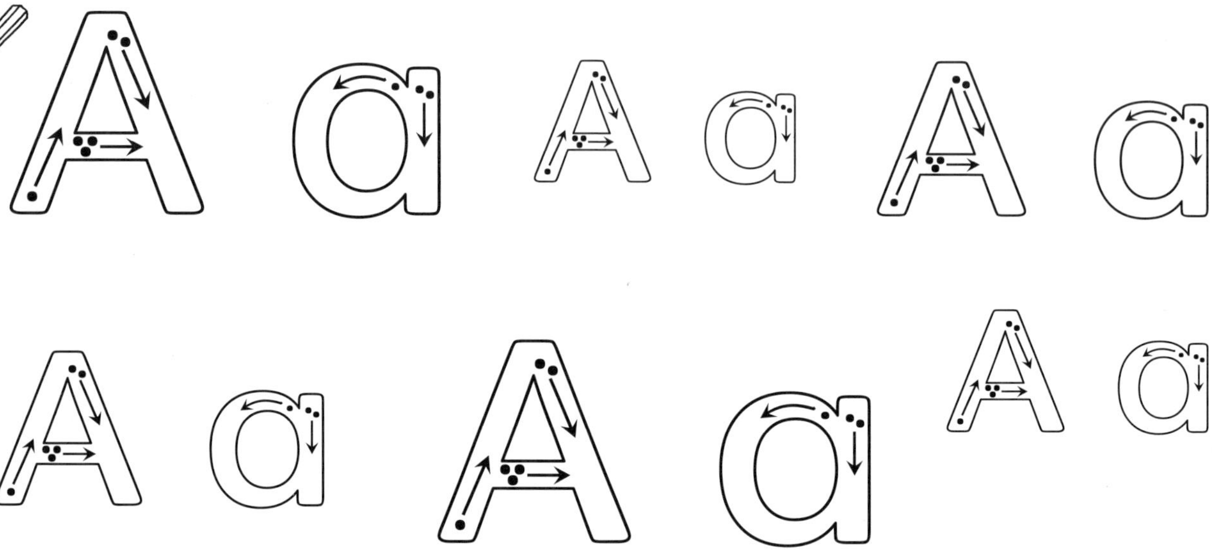

AAA

aaa

Am Am

am am

Sprich deutlich und spure A a in den Wörtern nach.

Apfel

Muttersprache

Ananas

Muttersprache

Affe

Muttersprache

8 acht

Muttersprache

AAA

a a a

Am Am

am am

Schreibe deinen Namen.

Suche aus dem Wörterbuch Wörter mit A a.

Das lerne ich auf Deutsch:

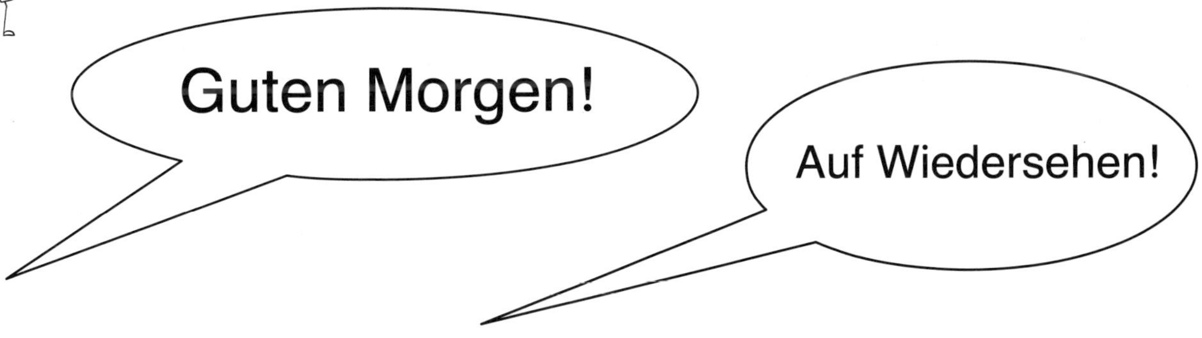

In meiner Muttersprache:

Name: ____________________ **Datum:** ____________________

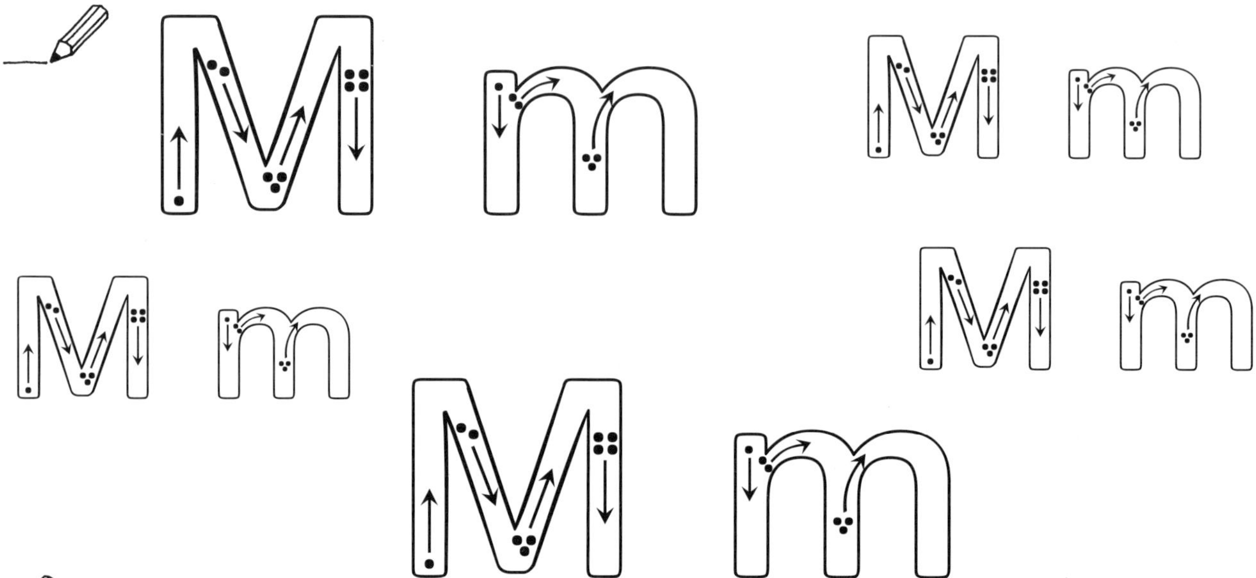

M M M

m m m

Mama

am am

Sprich deutlich und spure M m in den Wörtern nach.

Milch

Marmelade

Muttersprache

Muttersprache

Maus

Mutter

Muttersprache

Muttersprache

Karola Amberger: Schreiblehrgang: Buchstaben und Wörter

M M M

m m m

Mama

am am

m M m M m

Fülle den Kreis mit M und das Dreieck mit m!

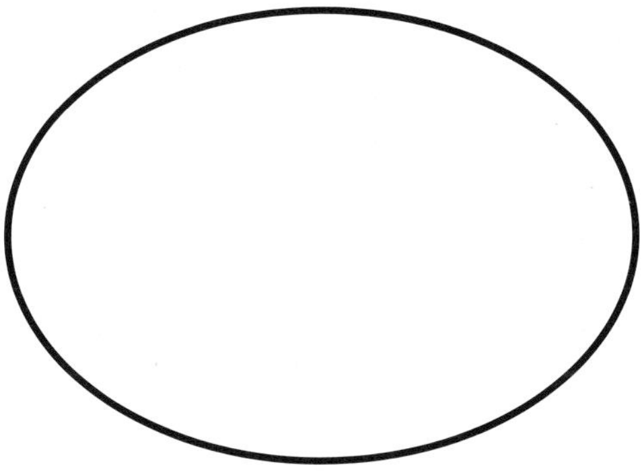

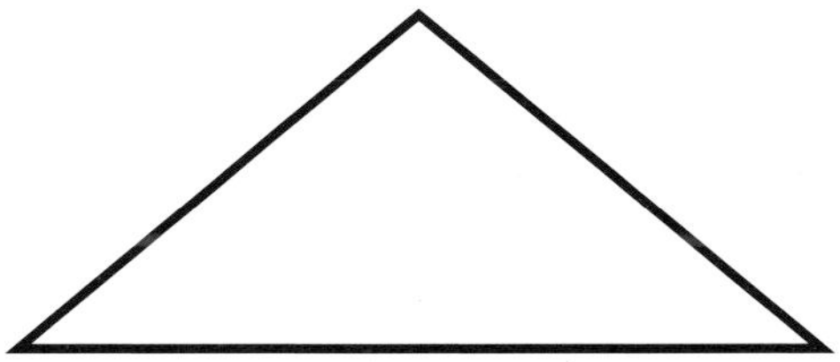

Ein Wochentag mit M: Montag

Montag

Montag

Montag

Muttersprache:

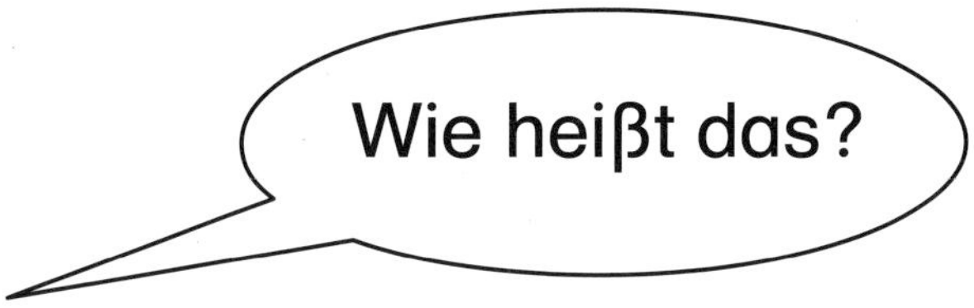

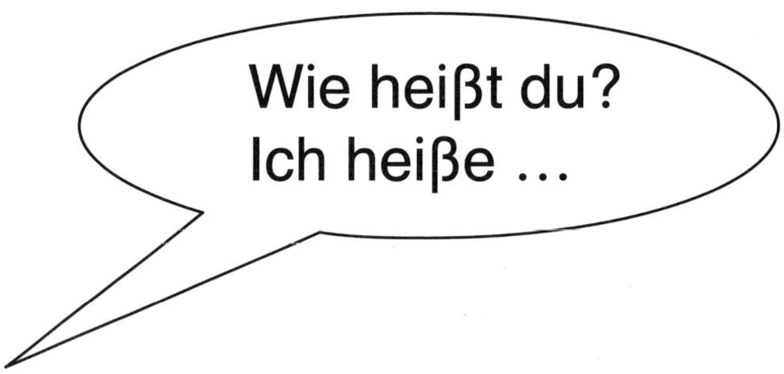

In meiner Muttersprache:

Name: ____________________ **Datum:** ____________________

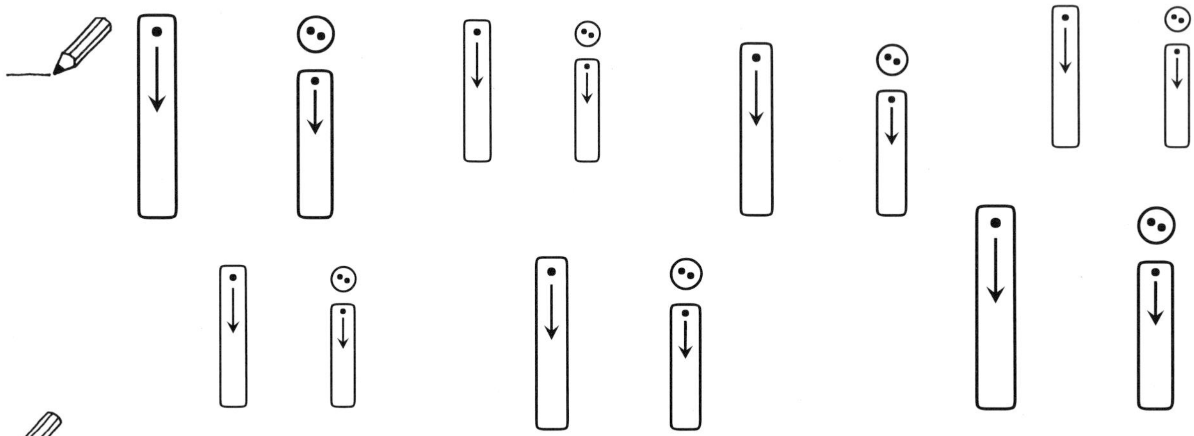

i i i

I I I

i I i I

im im im

Mi Mi

ia ia ia

 Ich

 Indianer

____
Muttersprache

____
Muttersprache

Der Stift ist im Federmäppchen.

In meiner Muttersprache:

____

Karola Amberger: Schreiblehrgang: Buchstaben und Wörter

l i l

im im

Mimi

Mami

Meine Stifte: **Male mit deinen Stiften.**

Bleistift 

Farbstift 

Filzstift 

Füller 

Muttersprache

Muttersprache

Muttersprache

Muttersprache

Wir wiederholen: und 8 cht

Ich brauche Hilfe.

Ich möchte bitte mitspielen.

In meiner Muttersprache:

Name: ______________________ **Datum:** ______________________

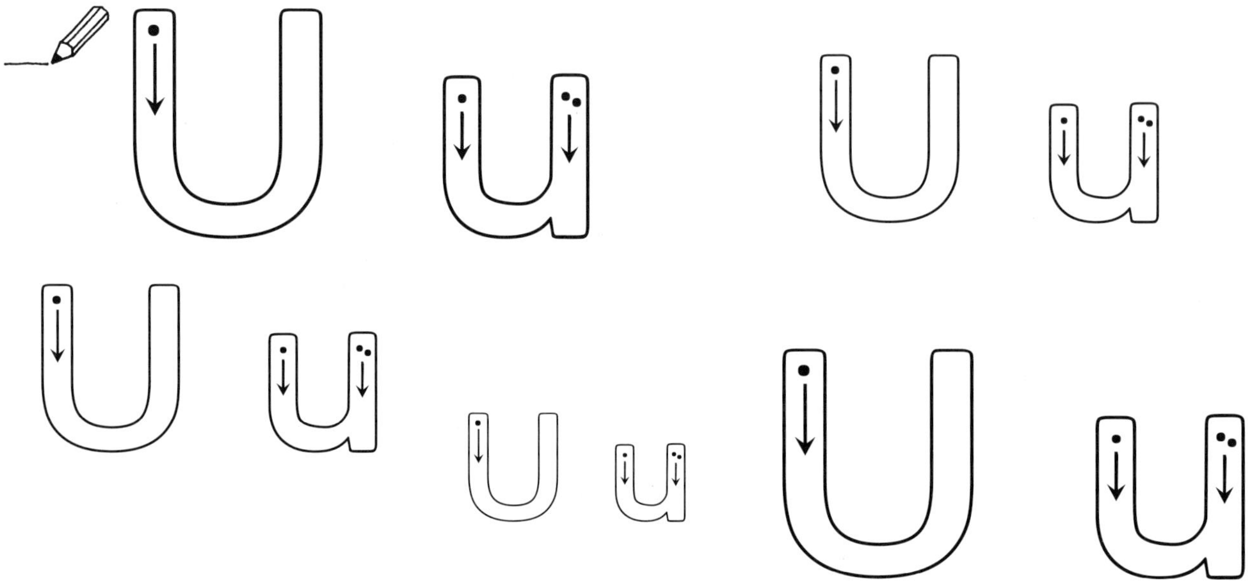

U U U

u u u

um um

mu mu

im

am

eine Uhr

viele Uhren

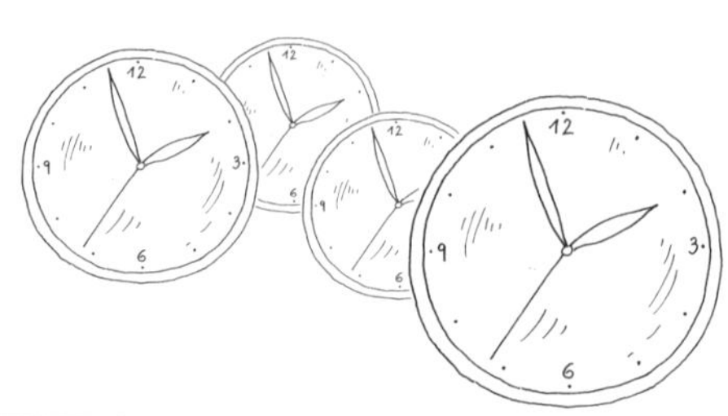

____
Muttersprache

____
Muttersprache

Schreibe wie auf der Vorderseite in die Zeilen: →

Wir wiederholen: **8**

Das Wort „und“

Spreche und setze das Wörtchen „und“ ein.

1 + 2 = 3

schreiben

rechnen

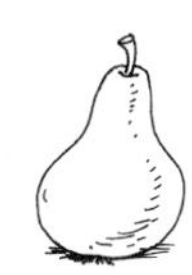

Apfel

Birne

Tisch

Stuhl

Finde eigene Beispiele in deiner Muttersprache:

Name: ______________________ **Datum:** ______________________

O o O o O o o O O o

O O O

o o o

oi oi

Omi

mo

o O o

ein Ohr

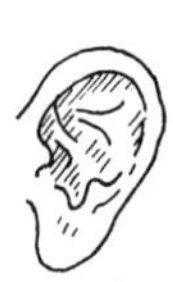

zwei Ohren

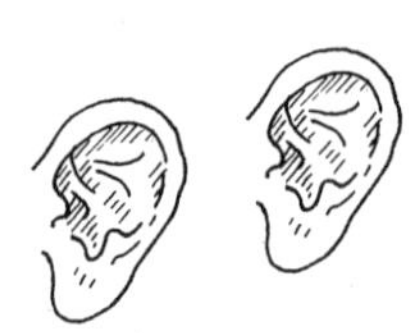

____
Muttersprache

____
Muttersprache

Karola Amberger: Schreiblehrgang: Buchstaben und Wörter

Schreibe wie auf der Vorderseite in die Zeilen: →

Wir wiederholen:

utter

Fragewort: Wo?

Schreibe die Frage noch einmal in die Zeile.

Wo ist der Stift?

So schreibe ich die Frage in meiner Muttersprache.

Wo ist die Uhr?

So schreibe ich die Frage in meiner Muttersprache.

Name: ______________________ **Datum:** ______________

E e E e E e

E e E e E e

E E E

Emi

Emma

e e e

e e

Emu

Esel

Elefant

____
Muttersprache

____
Muttersprache

Mein Lieblingstier ist:

In meiner Muttersprache:

____

e e

E E

Emma

e E e E e

Suche aus dem Wörterbuch Wörter mit E e:

11 elf

Erdbeere

Muttersprache

Muttersprache

Das lerne ich auf Deutsch:

Ich mag gern …!

Wo ist mein Heft?

In meiner Muttersprache:

Name: ______________________ **Datum:** ______________

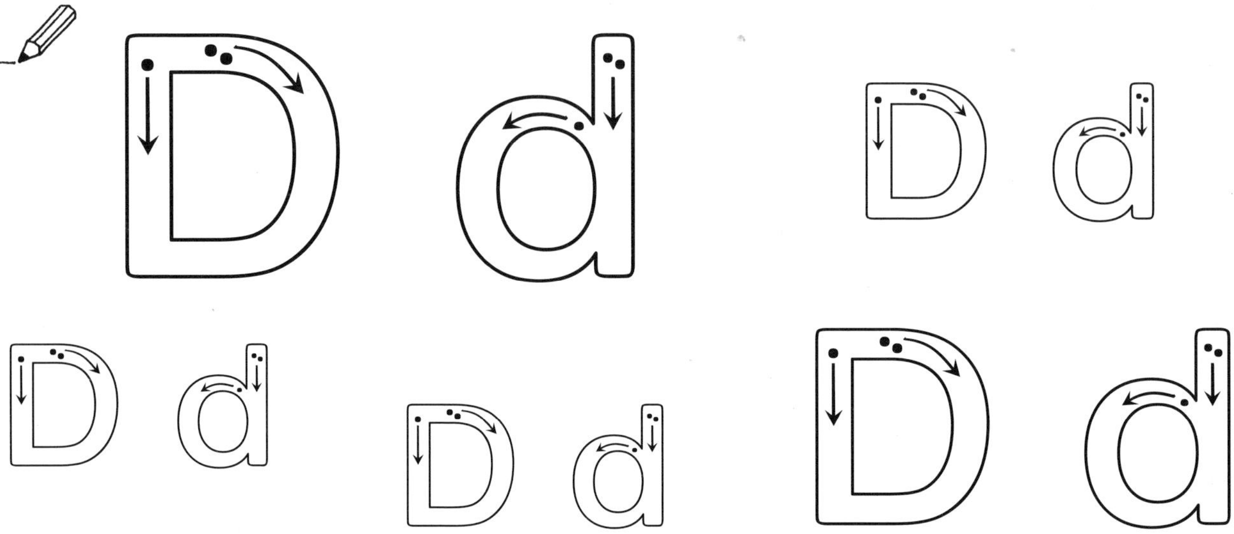

D D

d d d

De De

de de

Wochentage mit D

Donnerstag

Dienstag

Muttersprache

Muttersprache

3 drei

danke

Muttersprache

Muttersprache

d d

D D

die

das

der

Der

Die

Das

Die Begleiter der, die, das

 die

 die

 der

 der

 das

 das

Name: ____________________ **Datum:** ____________________

R r R r R r

R r R r R r

R R

r r r

Re Ri Re

ro ro

Sprich deutlich und spure R r in den Wörtern nach.

Roller

Muttersprache

Rock

Muttersprache

Radio

Muttersprache

rufen

Muttersprache

Karola Amberger: Schreiblehrgang: Buchstaben und Wörter

Rad

Re Re

der

ra

ri ro ri

Der

mir

ram

Farben

Male die Kleckse mit der richtigen Farbe an.

rot

Muttersprache

blau

Muttersprache

grün

Muttersprache

gelb

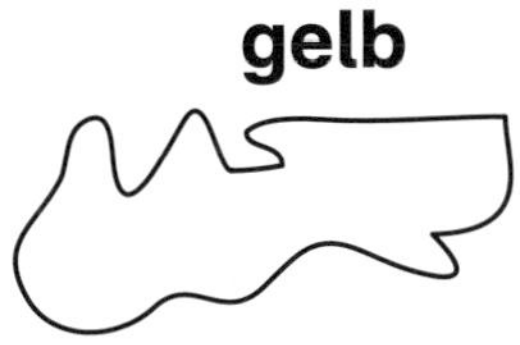

Muttersprache

schwarz

Muttersprache

braun

Muttersprache

Name: ____________________ **Datum:** ____________________

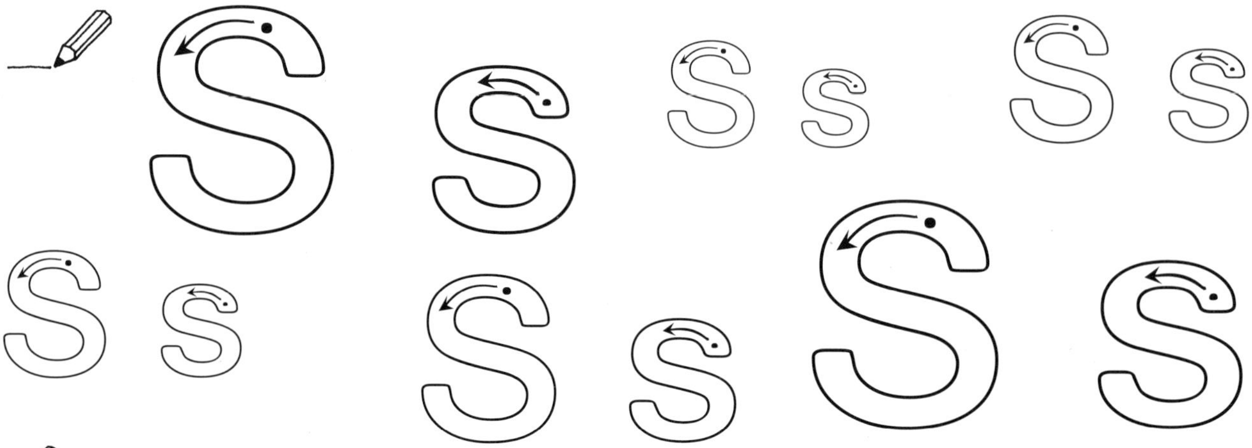

S S

s s s

summ summ

sie sie

so so

 Salat

 Sonne

Muttersprache

Muttersprache

Wochentage mit S

Samstag

Sonntag

Muttersprache

Muttersprache

Karola Amberger: Schreiblehrgang: Buchstaben und Wörter

s s

S S

sie

Rose

Dose

muss

das

Suche aus dem Wörterbuch Wörter mit S s:

Fragewort: Was?

Das lerne ich auf Deutsch:

Was spielen wir in Sport?

Was ist im Federmäppchen?

Was ist das?

In meiner Muttersprache:

Name: ______________________ Datum: ______________________

T T

t t t

tut

st st

ta ta

 Tisch

 Tag

Muttersprache

Muttersprache

 Tomate

 trinken

Muttersprache

Muttersprache

Karola Amberger: Schreiblehrgang: Buchstaben und Wörter

T T

t t t

tut

st st

ta ta

Tunwörter

turnen

laufen

Muttersprache

Muttersprache

schreiben

Muttersprache

springen

Muttersprache

gehen

Muttersprache

Name: ____________________ **Datum:** ____________________

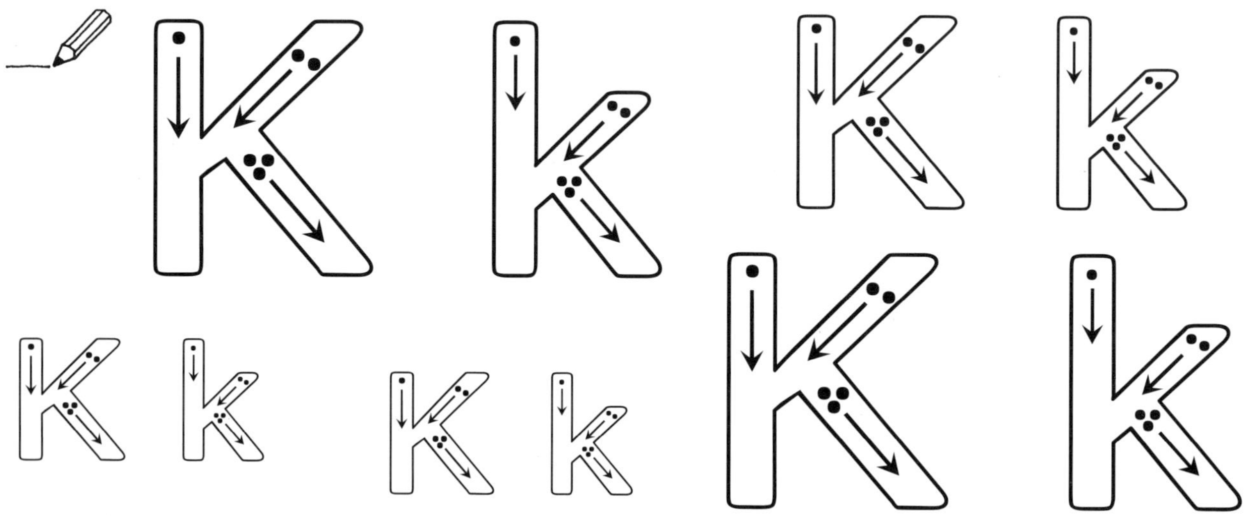

K K

k k k

Ko Ko

ki ki

ka ka

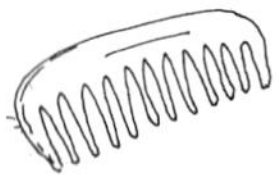

Kamm

Kleid

Muttersprache

Muttersprache

Katze

krank

Muttersprache

Muttersprache

Karola Amberger: Schreiblehrgang: Buchstaben und Wörter

Schreibe in die Zeile: →

die Katze

das Kleid

klein

krank

Wir wiederholen:

utter

S nn

sch eib n

Male aus:

blau

grün

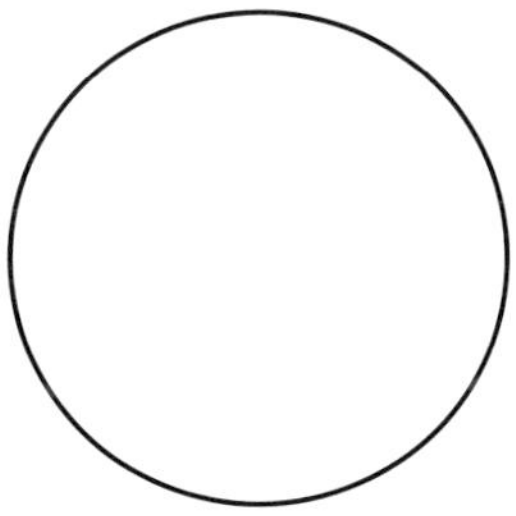

rot

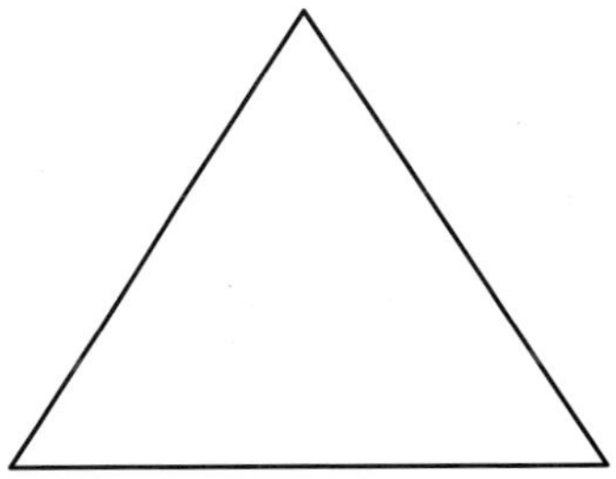

gelb

schwarz

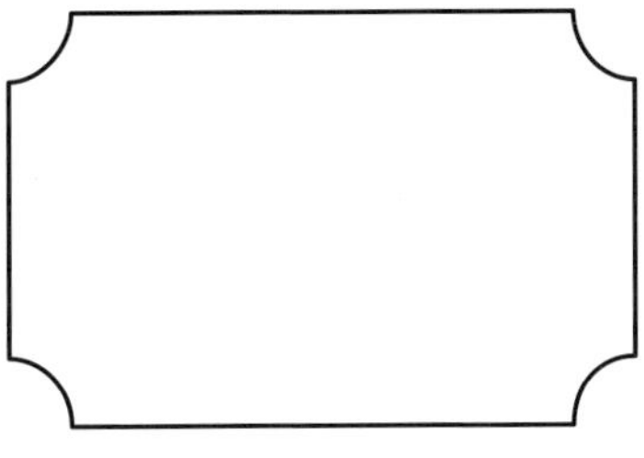

braun

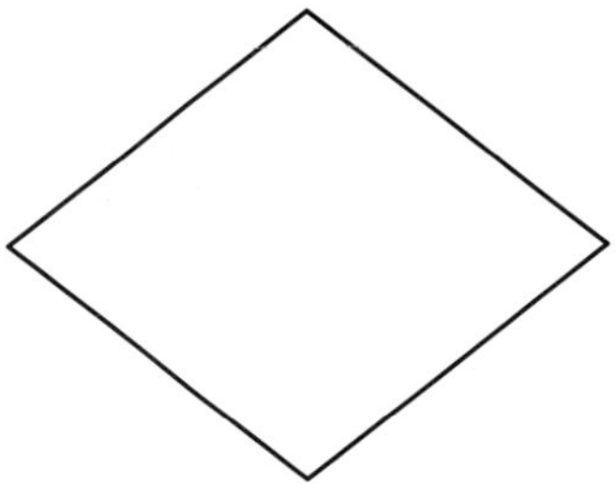

Name: ____________________ **Datum:** ____________________

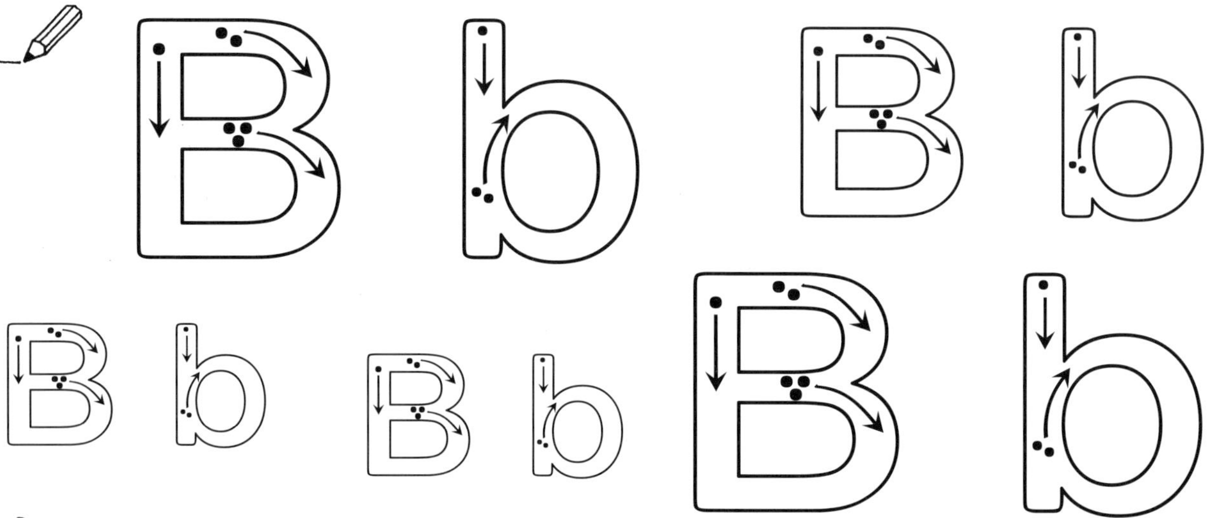

B B

b b

Bi Ba Bi Ba

bis bis

b B b B

Brot

Ball

Muttersprache

Muttersprache

Blume

Birne

Muttersprache

Muttersprache

B b B b

das Buch

das Bild

der Ball

bei

das Brot

Tunwörter mit b

backen

Muttersprache

baden

Muttersprache

bringen

Muttersprache

Verbinde die Silben.

ba cken
ba gen
brin den

Schreibe die Wörter richtig auf.

schrei nen
mal ben
ler en

Name: ______________________ **Datum:** ______________________

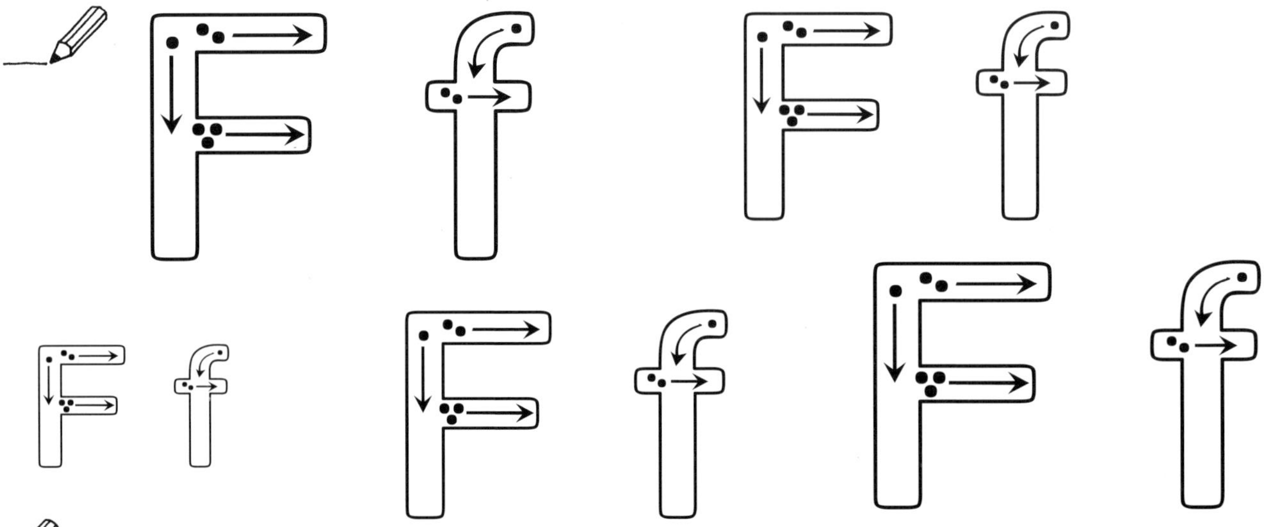

F F

f f

Fi Fa Fi Fa

fu fi fu fi

F f F f

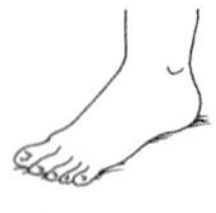

Fuß

Fisch

Muttersprache

Muttersprache

Filzstift

Frau

Muttersprache

Muttersprache

Karola Amberger: Schreiblehrgang: Buchstaben und Wörter

F f F f

die Farbe

der Fisch

das Fenster

f f

F F

Tunwörter mit f

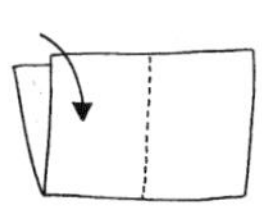

falten

Muttersprache

fliegen

Muttersprache

fahren

Muttersprache

Verbinde die Silben.

fah gen
flie ren
fal ten

Schreibe die Wörter richtig auf.

brin ben
ba gen
schrei cken

Name: ______________________ **Datum:** ______________________

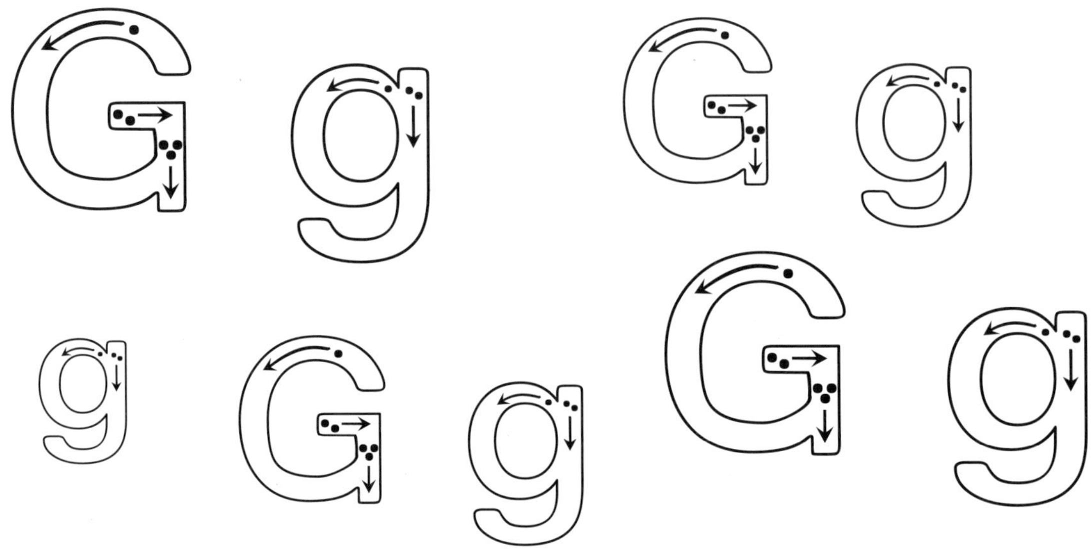

G G

g g g

Gi Ga Gi Ga

gu gi gu gi

G g G g

Garten

Muttersprache

Gabel

Muttersprache

gehen

Muttersprache

grüßen

Muttersprache

Karola Amberger: Schreiblehrgang: Buchstaben und Wörter

G g G

der Garten

die Gabel

g g

G G

Wiewörter

Schreibe das Wort noch einmal in die Zeile.

gesund ____________ Muttersprache

krank ____________ Muttersprache

gut ____________ Muttersprache

böse ____________ Muttersprache

Wir wiederholen die Farben:

grün — **Male das Dreieck grün aus.** 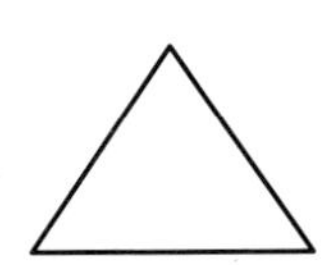

blau — **Male den Kreis blau aus.** 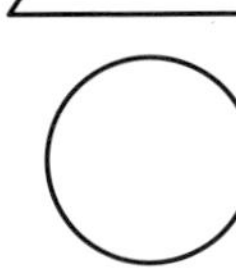

gelb — **Male das Viereck gelb aus.** 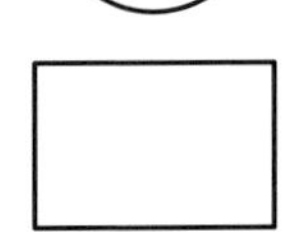

Name: ______________________ **Datum:** ______________________

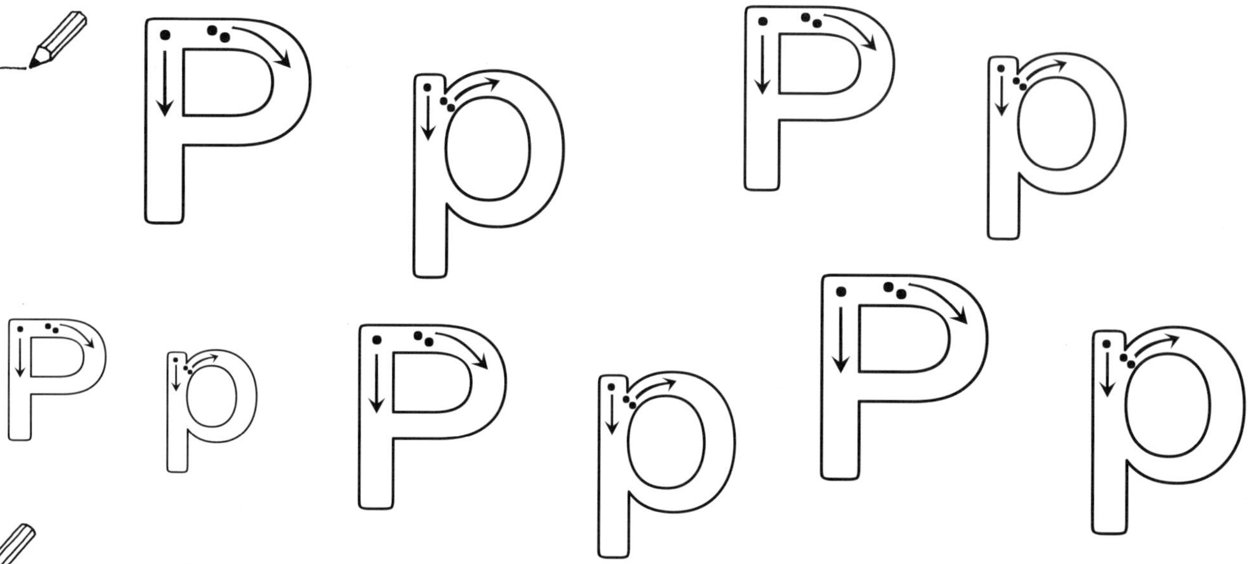

P P P

p p

Pa Pu Pa

pi pe pi pe

P p P p

Puppe

____

Muttersprache

Papier

____

Muttersprache

Pinsel

____

Muttersprache

Partner

____

Muttersprache

P p P p

das Papier

die Pizza

der Partner

die Puppe

Purzelwörter

a P r p ie

pp P e u

i P s n e l

Schreibe die Wörter mit Begleiter in die Zeilen.

So spreche ich die Sätze:

Ich male ein Bild.

Ich male mit dem Pinsel.

In meiner Muttersprache:

Name: ______________________ **Datum:** ______________

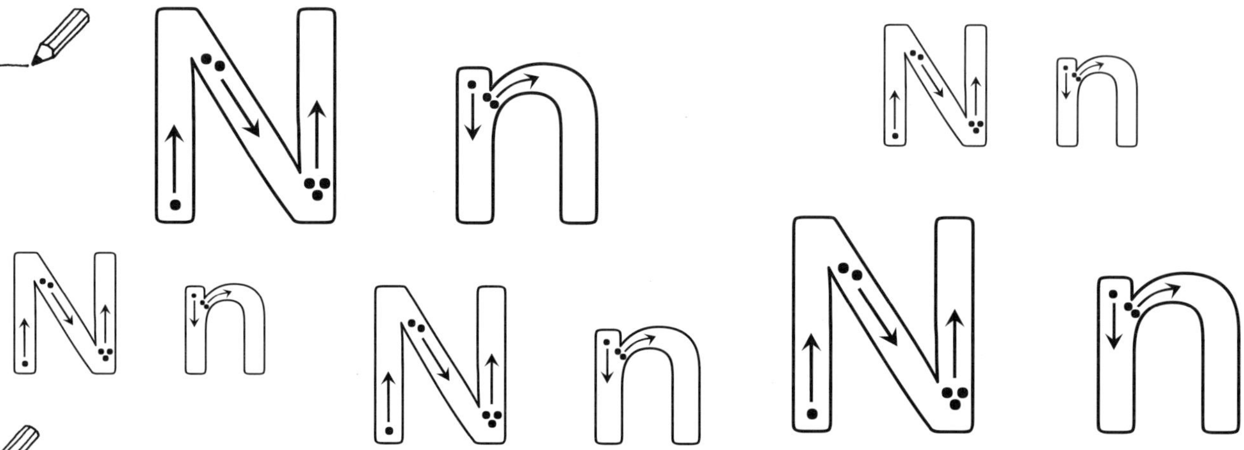

N N N

n n

no ni no ni

Ne Na Ne

N n N n

Nase

Nacht

_______________ Muttersprache

_______________ Muttersprache

nein

Name

_______________ Muttersprache

_______________ Muttersprache

Mein Name ist: ______________________

Schreibe wie auf der Vorderseite in die Zeilen: →

Wörterschlangen

Suche in den Wörterschlangen Wörter mit N oder n.

Male sie farbig an.

IchgeheindieSchuleundschreibeeineGeschichte.

JedesKindhateinenNamen.

HeuteNachmittagschlafeichgut.

Schreibe die Wörter mit N n in die Zeilen.

So spreche ich den Satz:

Nach der Schule gehe ich nach Hause.

In meiner Muttersprache:

Name: ______________________ **Datum:** ______________________

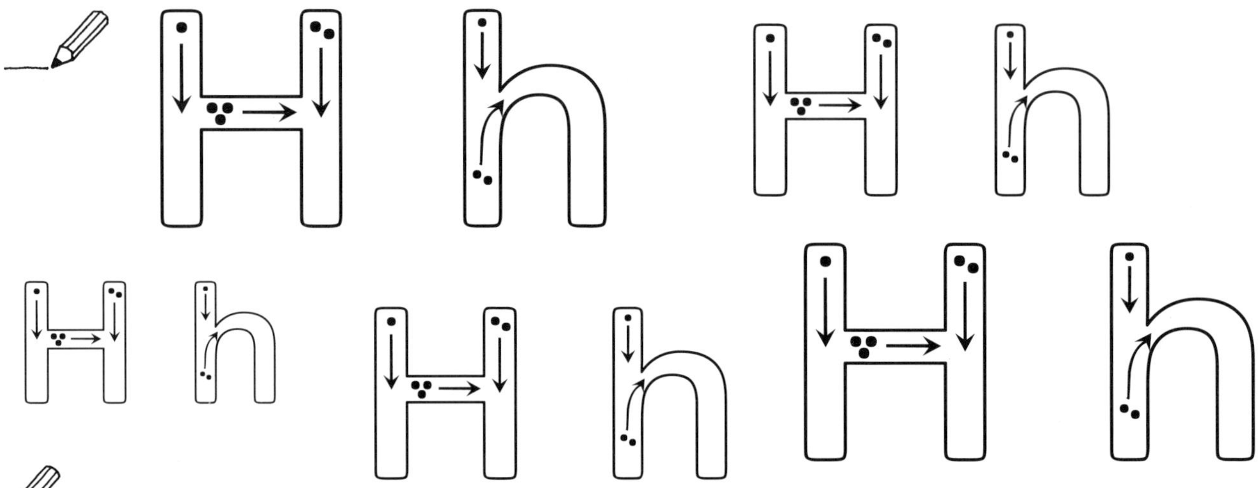

H H H

h h

Ha Hu Ha

hi he hi he

H h H h

Haus

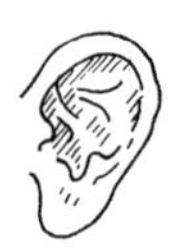

hören

______________________ Muttersprache

______________________ Muttersprache

Wir wiederholen die Mehrzahl:

eine Hand

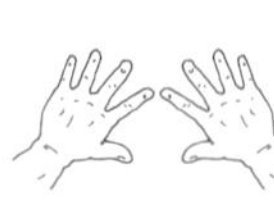

zwei

______________________ Muttersprache

______________________ Muttersprache

H h H h

das Haus

der Hund

Ich höre gut.

heute

Ich reime

Streiche ein falsches Wort durch:

Haus	Maus	Laus	nein	raus
Hose	Dose	Stuhl	Rose	Lose
Hand	Sand	Land	Tisch	Rand

So spreche ich die Reimwörter:

Hand – Sand Dose – Rose
Mund – rund Haus – Maus

Schreibe 4 Wortpaare auf.

Haus – Maus
Rose –
Hand –
heute – L
Mund – r
Dose –

Name: ______________________ **Datum:** ______________________

C c C c

C c C c C c C c

C C C

c c

Co Co Co

ce ca ce ca

C c C c

Vorsicht bei der Aussprache!

Cent

____

Muttersprache

Computer

____

Muttersprache

Clown

____

Muttersprache

cremen

____

Muttersprache

C c C c

der Computer

der Clown

die Creme

cool

Abkürzungen mit C, c

Cent = ct

Zeichne alle Centmünzen:

Wie heißt das Geld in deinem Heimatland? ____________________

Zentimeter = cm 

Wie lange ist dieser Strich?: ——— Er ist ________ cm lang.

Zeichne mit dem Lineal einen 10 cm langen Strich:

Circa = ca.

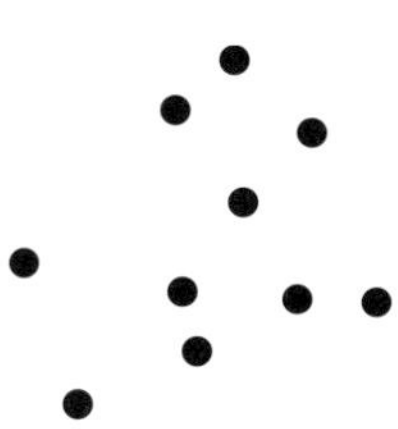

Ich sehe ca. 10 Punkte.

 **= CD**

____

Muttersprache

Name: ______________________ **Datum:** ______________________

J j J j J j

J j J j J j

J J J

j j

Jo Jo

ja ja

J j J j

Jacke

Joghurt

______________________ Muttersprache

______________________ Muttersprache

Junge

jucken

______________________ Muttersprache

______________________ Muttersprache

J j J j

die Jacke

der Junge

jeder

jedes

Ja oder nein?

„Ja“ in deiner Muttersprache: ______________________

„Nein“ in deiner Muttersprache: ______________________

Richtig oder falsch?

	Ja	Nein
Der Hund ist blau.	○	○
Cent ist Geld.	○	○
Das Jahr hat 12 Monate.	○	○
Die Maus ist klein.	○	○

Jeder, jedes oder jede?

die Katze – jede Katze

der Igel – jeder Igel

das Kind – jedes Kind

Finde eigene Beispiele!

(Tipp: Die Seite mit dem Buchstabe D d hilft dir.)

Name: ______________________ **Datum:** ______________________

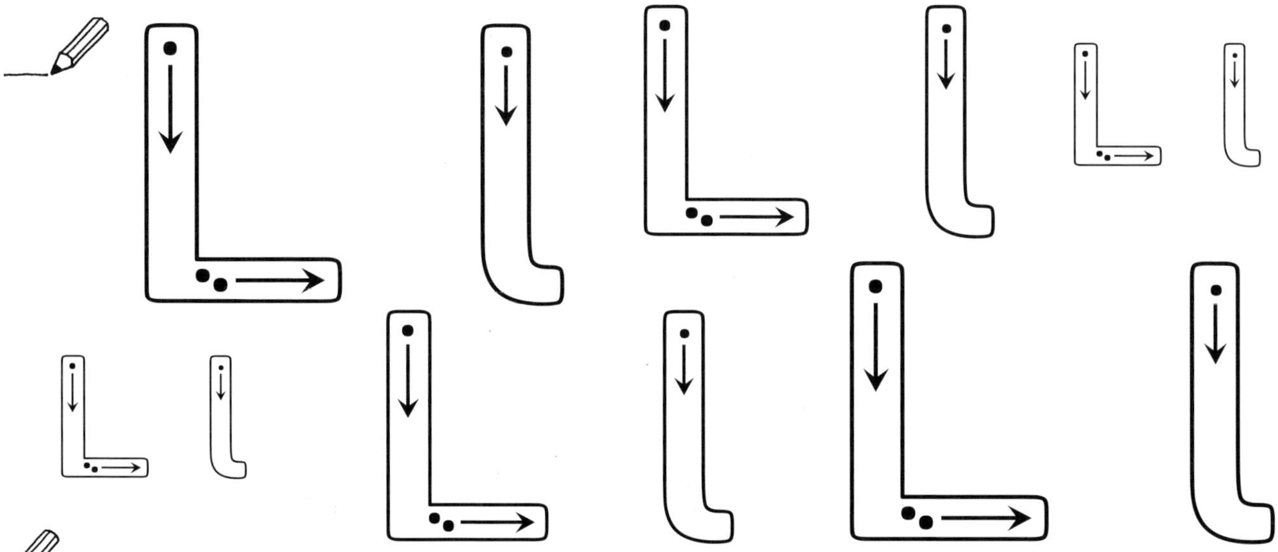

L L L

l l l

Li La Li La

lu le

L l L l

Land

Muttersprache

lachen

Muttersprache

Lineal

Muttersprache

lernen

Muttersprache

L l L l

das Lineal

leer

lachen

laufen

lesen

Welche Kinder aus deiner Klasse haben Namen, die mit „L“ beginnen?

Schreibe sie auf: ______________________________

Ordne folgende Wörter nach dem ABC.

Leben, lachen, lustig, locker, links, Luft

1. ____________________ **2.** ____________________

3. ____________________ **4.** ____________________

5. ____________________ **6.** ____________________

Ordne nun die Wörter nach Wortarten.

Tunwörter: ______________________________

Namenwörter: ______________________________

Wie-Wörter: ______________________________

Name: ______________________ **Datum:** ______________

Qu Qu

qu qu

Qu

qu qu

Qu qu Qu qu

Qualle

Quelle

Muttersprache

Muttersprache

queren

Quiz

Muttersprache

Muttersprache

Karola Amberger: Schreiblehrgang: Buchstaben und Wörter

Qu Qu

die Qualle

das Quadrat

das Quiz

quer

quaken

Ordne nach dem ABC!

quaken, laufen, Joghurt

1. ____ **2.** ____ **3.** ____

Lies und antworte mit „ja" oder „nein":

Die Katze quakt. ____ Muttersprache: ____

Der Vogel fliegt. ____ Muttersprache: ____

Jedes Quadrat hat vier Ecken. ____ Muttersprache: ____

Jede Hand hat sechs Finger. ____ Muttersprache: ____

Wir wiederholen:

Abkürzungen:

cm = ____ **ct =** ____

Name: ____________________ **Datum:** ____________________

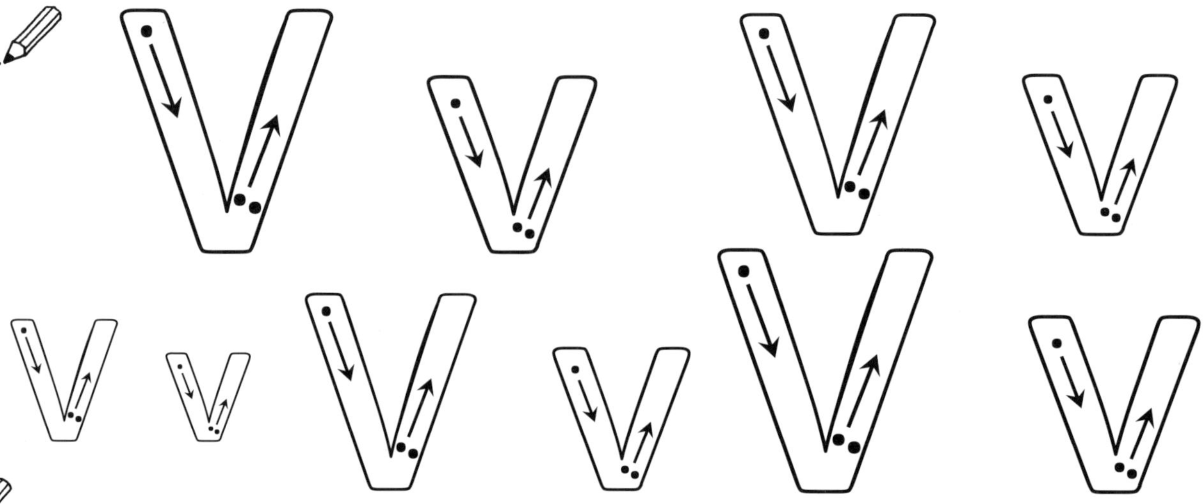

V V V

v v v

Va Vi Va

vo vo

V v V v

Achte auf die Aussprache!

Vogel

____

Muttersprache

Vater

____

Muttersprache

4 vier

____

Muttersprache

Vase

____

Muttersprache

Karola Amberger: Schreiblehrgang: Buchstaben und Wörter

Schreibe wie auf der Vorderseite in die Zeilen: →

Die Vorsilbe ver- ... und vor- ...

Setze Wörter zusammen.

ver- laufen
kaufen
mieten

vor- lesen
sagen
zeigen

Suche Wörter mit der Vorsilbe Ver- ... oder Vor- ... in deinem Wörterbuch.

Name: ____________________ Datum: ____________________

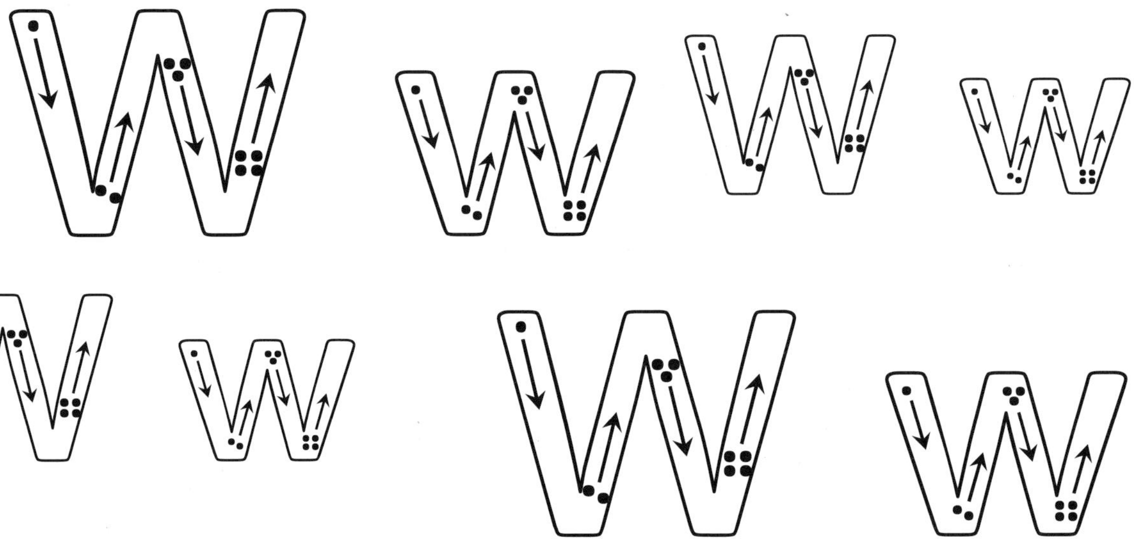

W W W

w w w

Wa Wa

wo wo

W w W w

Wasser

Wald

Muttersprache

Muttersprache

Wetter

warm

Muttersprache

Muttersprache

Wie

Wo

Was

Wann

Warum

Spure die Wörter nach.

Wasser Wort Wald

Wetter wo wann

Welche Wörter kannst du erkennen?

warm Woche Wind

Schreibe diese Wörter noch einmal in die Zeilen:

Name: ______________________ **Datum:** ______________________

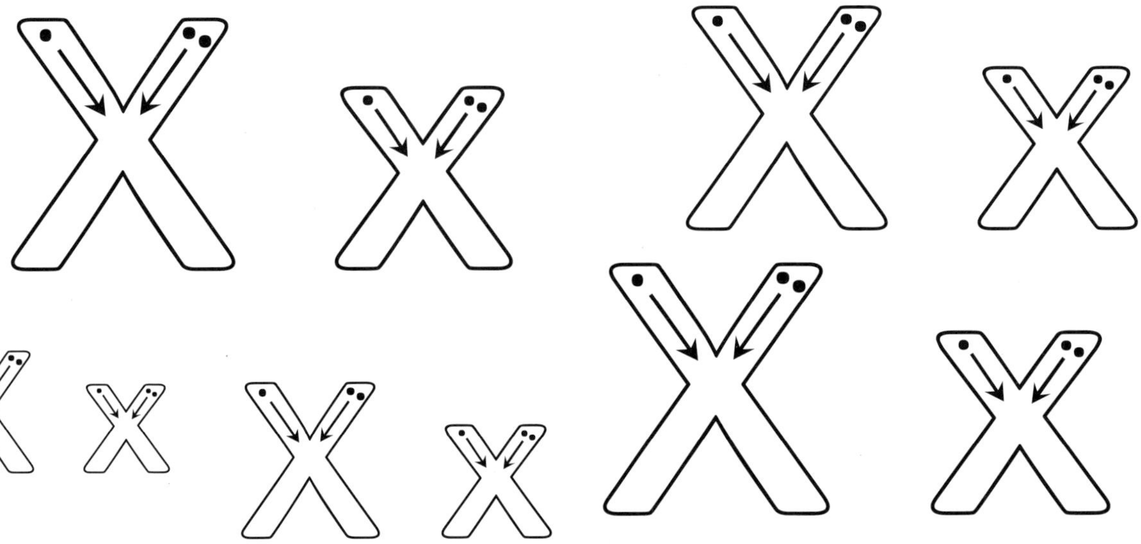

X X X

x x x

Xi Xi

Xa Xa

X x X x

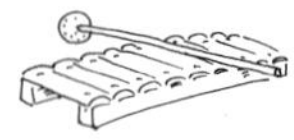

Xylofon

____

Muttersprache

Hexe

____

Muttersprache

Text

____

Muttersprache

boxen

____

Muttersprache

X X

x x

Hexe

mixen

Xaver

Kleidergrößen

XL = extra groß

XXL = extra extra groß

XS = extra schmal

XXS = extra extra schmal

Suche weitere Wörter mit X x in deinem Wörterbuch.

Ich mag extra lange Pommes!

Er schreibt extra schön!

Sie malt mit extra schönen Stiften.

Name: ______________________ **Datum:** ______________________

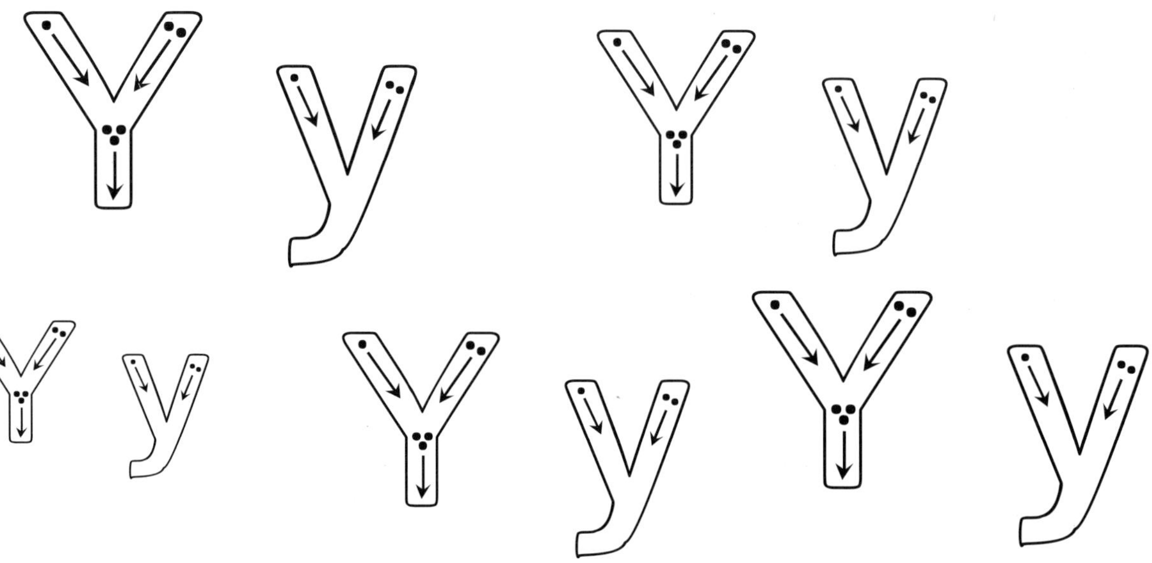

Y Y Y

y y y

Yo Yo

yi yi yi

Y y Y y

Yoga

Gymnastik

Muttersprache

Muttersprache

Ägypten

Baby

Muttersprache

Muttersprache

Karola Amberger: Schreiblehrgang: Buchstaben und Wörter

Y Y

y y

Yo Yo

Party

Yvonne

Die geometrischen Körperformen

Pyramide

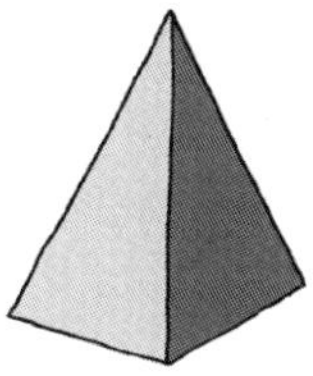

Muttersprache

Zylinder

Muttersprache

Quader

Muttersprache

Würfel

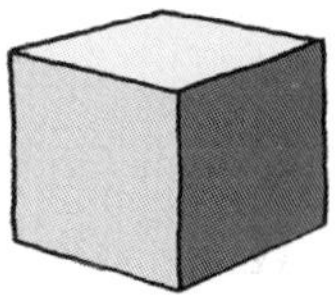

Muttersprache

Kegel

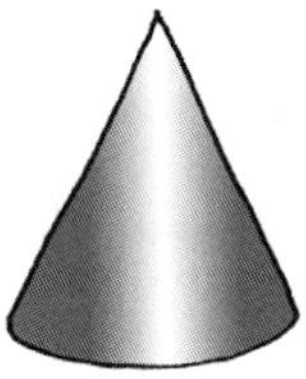

Muttersprache

Kugel

Muttersprache

Name: ______________________ **Datum:** ______________________

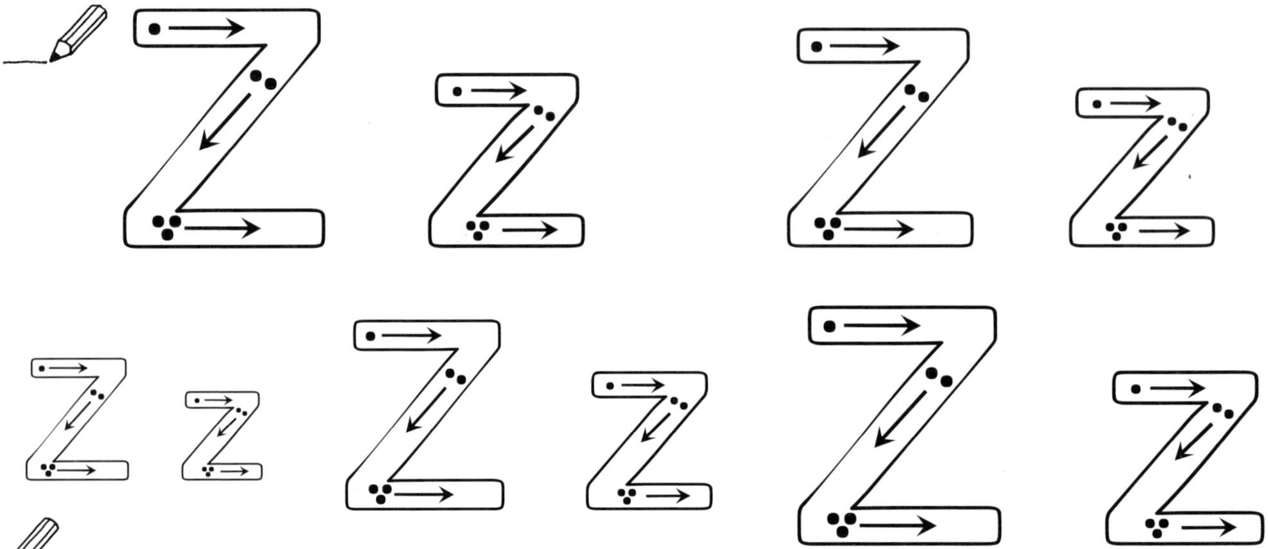

Z Z Z

z z z

Za Za

zu zu

Z z Z

1, 2, 3 Zahlen

Zahn

Muttersprache

Muttersprache

10 zehn

zeichnen

Muttersprache

Muttersprache

Karola Amberger: Schreiblehrgang: Buchstaben und Wörter

Z Z

z z

Zimmer

Zug

zusammen

Wir wiederholen die Zahlen:

2 zwei

Muttersprache

10 zehn

Muttersprache

20 zwanzig

Muttersprache

40 vierzig

Muttersprache

50 fünfzig

Muttersprache

Name: ____________________ **Datum:** ____________

ß ß ß ß ß ß

ß ß ß

ß ß ß

aß aß

oß oß

uß uß

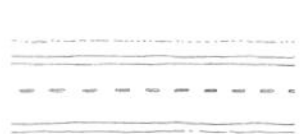

Straße

Fußball

Muttersprache

Muttersprache

30 dreißig

außen

Muttersprache

Muttersprache

Finde weitere Wörter mit ß in deinem Wörterbuch.

Name: ______________________ **Datum:** ______________

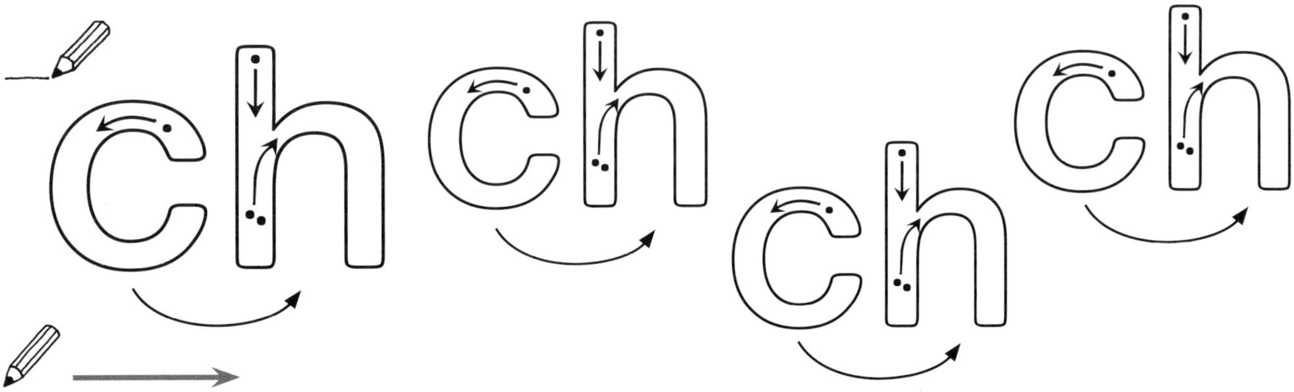

ch ch ch

hoch

acht

Buch

riechen

machen

Nacht

kochen

rechnen

Kreise alle Namenwörter mit Bleistift ein.

Kreise alle Tunwörter mit Füller ein.

Kreise alle Wie-Wörter mit einem Filzstift ein.

Name: ______________________ **Datum:** ______________

st st st

sp sp sp

Stadt

stark

Stuhl

spielen

Spitzer

spannend

Merke:

Ich spreche „scht“ und „schp“ und schreibe „st“ und „sp“.

Karola Amberger: Schreiblehrgang: Buchstaben und Wörter

Name: ______________________ **Datum:** ______________________

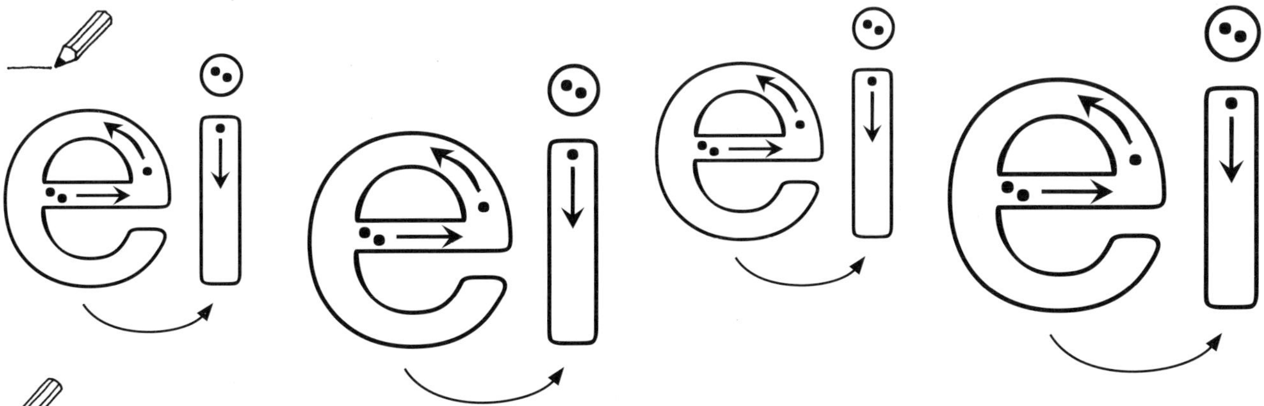

ei ei ei

schreiben

Eis

Eier

ein

eine

einer

„ein“ als unbestimmter Artikel

der Mann – ein Mann die Frau – eine Frau das Kind – ein Kind

Setze ein.

der Stift – ______________________

die Tasche – ______________________

die Schere – ______________________

Name: ______________________ **Datum:** ______________________

au au au

Auto

aus

sauber

aufpassen

aufmerksam

ausfragen

Maus

laufen

Kreise alle Namenwörter mit Bleistift ein.

Kreise alle Tunwörter mit Füller ein.

Kreise alle Wie-Wörter mit einem Filzstift ein.

Karola Amberger: Schreiblehrgang: Buchstaben und Wörter

Name: ____________________ **Datum:** ____________________

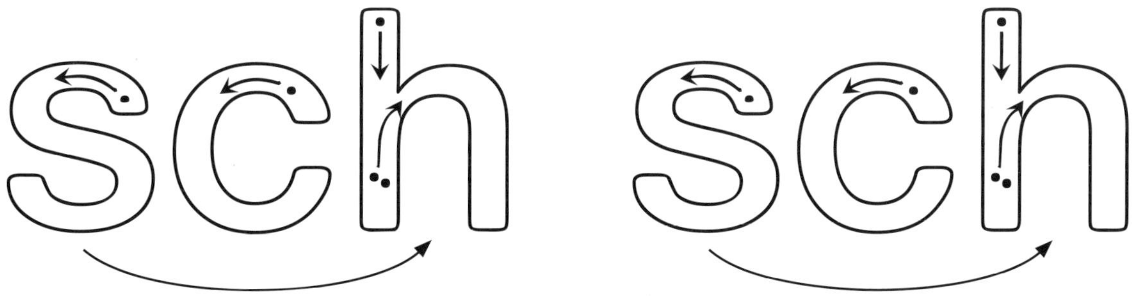

sch sch sch

Schule

schlafen

Fisch

Tisch

In welchen Wörtern hörst du ein „sch“?

Kreise sie ein.

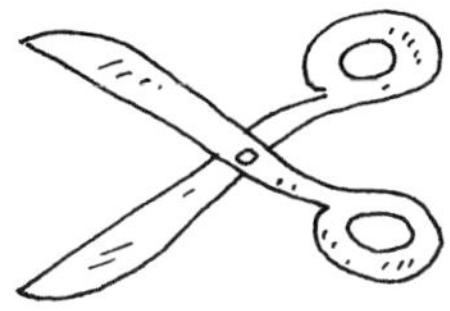

Name: ____________________ **Datum:** ____________________

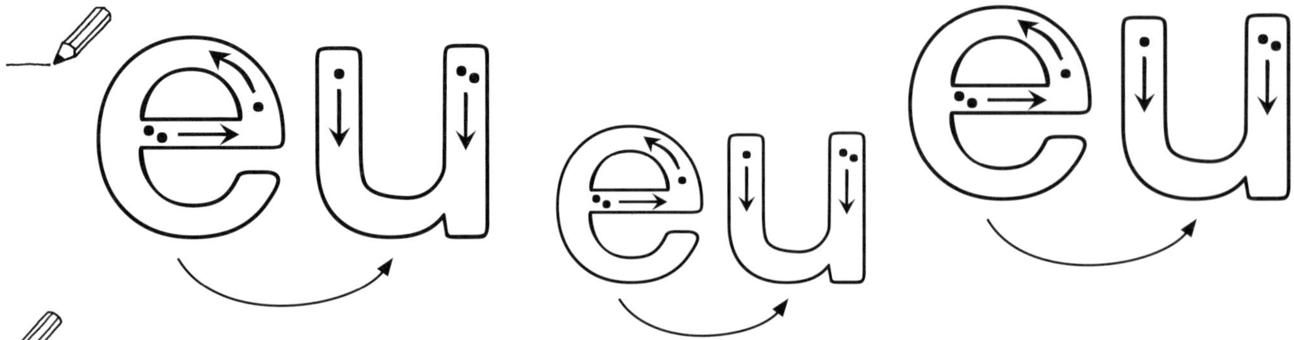

eu eu eu

Freude

Freunde

Eule

Europa

Welche Euromünzen und Euroscheine kennst du?

Zeichne alle auf und beschrifte sie.

Name: ______________________ **Datum:** ______________________

Die Umlaute ä ö und ü

ärgern

öffnen

üben

Tunwörter und Namenwörter gehören zusammen

Schreibe das passende Tunwort dazu!

die Übung –

die Öffnung –

der Ärger –

Wir bilden die Mehrzahl.

Aus „a“ wird „ä“:

 ein Apfel  zwei Äpfel  eine Hand – viele ______________

Aus „u“ wird „ü“:

 ein Stuhl – viele Stühle  ein Buch – viele ______________

Aus „o“ wird „ö“:

 ein Vogel – viele ______________  ein Dorf – viele ______________

Name: ______________________ Datum: ______________________

1. Schreibe die passenden Wörter zu den Bildern.

8

11

2. Male mit der richtigen Farbe aus.

Male das Kleid rot aus.

Male das Haus blau aus.

Male die Ananas gelb aus.

Name: ______________________ **Datum:** ______________________

1. Schreibe die passenden Wörter zu den Bildern.

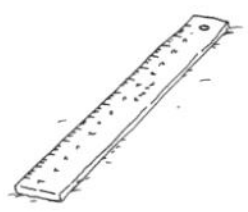

2. Verbinde die Silben und schreibe die Wörter.

Na **nen**

me **Ho**

ler

se

____

____

____

3. Schreibe die Abkürzungen dazu.

Zentimeter = ______________ **Cent =** ______________

4. Finde ein passendes Reimwort.

Land – S ______________ **Hose – D** ______________

Fisch – ______________ **Nase – H** ______________

Name: ______________________ **Datum:** ______________________

1. Schreibe die passenden Wörter zu den Bildern.

2. Schreibe die Zahlwörter.

2 **10** **20**

40 **50**

3. Ordne folgende Wörter nach dem ABC.

Hose, Zahl, lachen, warm, Vater

1. ____________ 2. ____________ 3. ____________

4. ____________ 5. ____________

4. Bilde Tunwörter mit der Vorsilbe ver-...

Vorsicht: Nicht alle Wörter passen!

ver-... schwimmen laufen schreiben rechnen gehen

Name: ______________________ **Datum:** ______________________

1. Schreibe die passenden Wörter zu den Bildern.

2. Richtig oder falsch?

	Ja	Nein
Ist die Maus blau?	○	○
Antwort: Nein, die Maus ist grau.		
Ist der Hund grün?	○	○
Antwort: ______________________		
Hat die Katze zwei Ohren?	○	○
Antwort: ______________________		

3. Ergänze „ein" oder „eine".

________ **Tisch** ________ **Federmäppchen** ________ **Tasche**

________ **Stift** ________ **Tafel** ________ **Heft**

4. Bilde die Mehrzahl.

eine Wurst
– viele ______________________

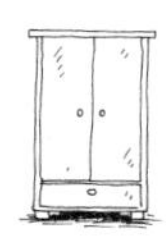

ein Schrank
– viele ______________________

ein Ofen
– viele ______________________

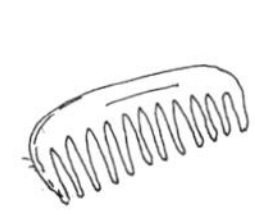

ein Kamm
– viele ______________________

Überblick über die Buchstaben in Druckschrift mit Schreibrichtung

A a	J j	S s
B b	K k	T t
C c	L l	U u
D d	M m	V v
E e	N n	W w
F f	O o	X x
G g	P p	Y y
H h	Q q	Z z
I i	R r	

Lineatur